손끝에서 피는
꽃과 자수

손끝에서 피는
꽃과 자수

염경숙 지음

중앙books

프롤로그

민들레
솜다리
채송화
코스모스
능소화
맨드라미
과꽃
구절초….

천 가지도 넘게 수놓은 중에
더욱 각별해진 꽃 이름들입니다.
꽃잎의 얇음과
살짝 말린 듯 고불거리는 휘어짐,
꽃술의 그 삐죽삐죽함이랄지
솜털 보송한 꽃송이들…
수놓겠다며 요모조모 살펴보다
경탄해 마지않던 순간들,
절로 터져나온 감탄사들….
그 절대적 아름다움 앞에
열 두색 크레파스를 손에 쥔 아이처럼
서툴게 하나하나 수놓으며
그날그날 태어난 내 아가 같은 수들과
사귐의 시간을 보냈습니다.

책으로 묶여진 손끝에서 피어난 꽃을 보며
창조주 앞에 점점 낮아지던 순간순간의 마음과
수놓던 날의 은근한 열떨림 같은 환희를
오래 기억하렵니다.

목 차

프롤로그　04

1 일러두기
- 자수 재료　12
- 밑그림 그리기　14
- 실 끼우기　16
- 작품 손질하기　17
- 자수 기법　18

2 꽃과 자수
- 씀바귀　24
- 아메리칸블루　26
- 민들레　28
- 장미　30
- 백일홍　32
- 알리움　34
- 아네모네　36
- 흰 아네모네　38
- 에키네시아　40
- 맨드라미　42
- 입체 맨드라미　44
- 채송화　46
- 여뀌　48
- 흰 고려엉겅퀴　50
- 능소화　52
- 방동사니　54
- 엉겅퀴　56
- 질경이　58
- 봉선화　60

코스모스	62
쑥부쟁이	64
구절초 바구니	66
과꽃	68
솜다리	70

3 수놓는 과정

여뀌	74
민들레 홀씨	78
무스카리	82
아메리칸블루	86
알리움	90
에키네시아	94
백련	98
토란잎 브로치	102
엉겅퀴 브로치	104
장미	106

4 자수의 활용

스모킹 가방	112
여뀌 가방	113
나무 가방	114
장미 크로스백	115
무스카리 선캡	116
꽃 카디건	117
민들레 홀씨 치마	118
꽃 손수건	119
자수 반지	120
이끼 덧신	121
여러 가지 브로치	122
모란 쿠션	123
수첩 커버	124
입체 자수 액자	125
쉬땅나무와 라일락 액자	126
자수 엽서	127

길가에 피어있는 씀바귀, 여뀌
논두렁 밭두렁에 방동사니, 질경이
길을 걷다 만나는 이름 모를 갖가지 꽃들을
색실을 찾아 한 땀 한 땀 수놓아보세요.
꽃은 어떤 모양을 하고 있는지
잎은 어떤 특징을 갖고 있는지
꽃 이름은 무언지 자세히 살피다보면
꽃과 더불어 사귐의 시간이 되고
세상에 하나밖에 없는 꽃들이 손끝에서 피어납니다.
밑그림 그리는 일이 서툴면 어때요.
그림도 서툴고 수놓는 일도 서툴러도
그래서 정겨운 손맛 나는 자수가 됩니다.
세상에는 갖가지 꽃들이 있습니다.
예쁜 꽃들을 마음껏 수놓아보세요.

일러두기

자수는 실로 그리는 그림이라 생각하면 재료를 선택하는 일이 쉬워집니다.
처음 수를 놓고싶다는 생각을 했을 때, 이불 꿰매는 흰 목면실로 수놓았습니다.
목면실은 약간 푸근한 질감이 있어 수놓기도 수월하고 포근한 흰 꽃이 되었습니다.
집에 있는 뜨개실을 풀어헤쳐 나무를 수놓았더니 우툴두툴한 나무가 되어 느낌이 좋았습니다.
가장자리 풀리지 않는 모직으로 잎을 오려 달기도 하고
벨벳으로 꽃술의 뽀송함을 표현하기도 했습니다.
리넨 올로 수놓아보기도 했습니다.
여러 가지 재료 쓰기 시도는 그 자체로 매우 흥미진진합니다.
이 책에 나오는 자수는 모사毛絲, Wool와 리넨실Linen yarn로 수놓았습니다.

일러두기

자수
재료

1

2

1 모사 毛絲, Wool
모사는 폭신한 탄성이 있어 여러 겹으로 수놓아도 어울림이 좋아 수놓기 수월하다.

2 리넨실 Linen yarn
리넨실은 풀로 된 실이다. 질박하면서도 풀줄기 마른 느낌이 수를 놓았을 때 무척 자연스럽다.

3 바늘
리넨실과 모사를 여러 겹 꿰기 쉽게 긴 바늘귀를 가졌고 바늘 끝이 뾰족한 자수 바늘이다.

4 수틀
수틀은 바탕천을 팽팽하게 잡아준다. 자기 뼘보다 크지 않은 것을 사용해야 손목에 무리가 가지 않는다.

5 원단
리넨, 면, 광목, 무명, 니트, 모직, 스웨터, 청바지… 어떤 천에든 수놓을 수 있다.

6 그 밖의 부자재
- 벨벳 - 털을 이용해 꽃 중심을 표현한다.
- 양모 - 가장자리가 풀리지 않아 브로치를 만든다.
- 모직 - 초록색 모직은 잘라 붙여 잎을 표현한다.

7 가위
수를 놓고 실을 자를 때 쓴다.

8 밑그림 펜
바탕천에 밑그림을 그릴 때 쓴다. 물이 닿으면 지워지는 펜이다.

밑그림 그리기

수놓고 싶은 예쁜 꽃을 만났을 때 꽃을 전부 그리겠다고 들면 그림 그리기도 어렵고 수놓기도 어렵겠지요. 수놓기 좋게 겉 그림만 간략하게 그려봅시다. 처음에는 단순하게 부분그림으로 시작하고 수가 능숙해지면 어려운 그림도 시도해보세요. 스스로 그리는 밑그림이 창작 자수의 첫걸음입니다.

여뀌 그리기

논두렁 밭두렁 혹은 산길에서 흔하게 볼 수 있는 여뀌를 그려본다.

1 손목에 힘을 빼고 줄기를 구불거리게 그린다.

2 줄기 맨 위에서부터 5mm 길이 꽃망울을 줄기에 붙여 그린다.

3 잎맥을 어긋나게 그린다.

4 좌우 대칭에 맞게 잎을 쭉 빼어 길게 그린다.

아메리칸블루 그리기

다섯 꽃잎을 균형 있게 그리게 되면 다양한 꽃을 표현할 수 있다. 꽃 중심을 약간 크게 그리거나 꽃잎을 둥글게 혹은 길게 변화를 주면서 다른 꽃들도 그려보자.

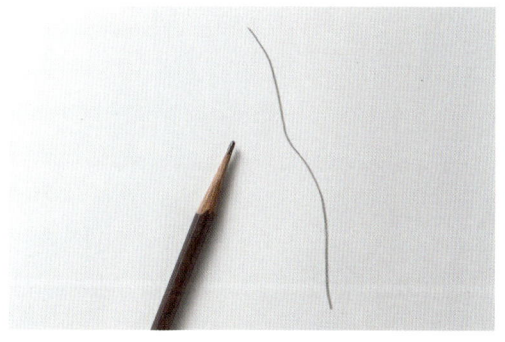

1 줄기를 곡지게 그린다.

2 꽃 중심을 지름 5mm 길이로 그린 후 다섯 칸으로 나눈다.

3 다섯 꽃잎을 하트 모양으로 그린다.

4 잎맥을 어긋나게 그린다.

5 잎을 대칭에 맞게 그린다.

실 끼우기

모사나 리넨실은 일반 실에 비해 볼륨감이 좋고 약간 두껍습니다. 그 덕분에 수가 빠르게 완성되는 장점이 있습니다. 여러 겹의 실을 한꺼번에 끼워서 수놓을 때도 많은데 실 끼우는 특별한 요령이 있습니다.

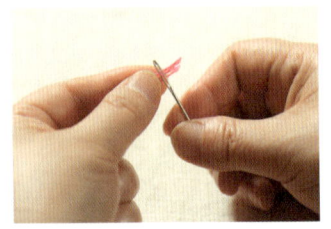

1 실을 검지에 올려놓고 바늘로 눌러 꺾어 접는다.

2 바늘을 아래로 뺀 뒤 바늘귀로 접혀진 실을 꿴다.

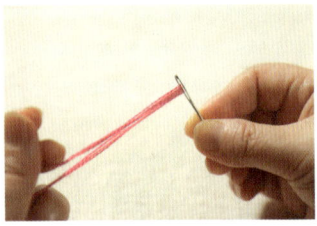

3 실을 바늘에 꿰어 장력이 같게 훑는다.

4 매듭은 한 쪽 실에만 짓는다. 두 겹 이상의 실로 수를 놓을 때 실의 장력이 달라질 수 있는데 한 쪽을 매듭짓지 않고 개방해두면 장력을 조절하기 편하다.

5 수를 놓기 전 첫 매듭은 손가락에 걸어 도르르 말면 매듭이 지어진다. 실이 풀리지 않도록 매듭을 잘 지어 수를 마치고 수놓은 뒷면의 실에 얽어매어 마무리 매듭짓는다.

6 수를 마치고 실을 끊을 때 바짝 자르다 본수를 자를 수 있으니 7mm 정도 남기고 자른다.

작품 손질하기

자수품을 손질하는 몇 가지 방법이 있습니다. 솜다리, 달리아, 장미 등 입체감이 강한 자수는 다리기가 곤란합니다. 다림질을 하지 않아도 매무새를 만질 수 있습니다. 완성한 수를 상하지 않게하면서도, 깔끔하게 손질하는 방법을 알려드립니다.

1 수놓기를 마치면 분무기를 뿌려 밑그림을 지우고 수틀에 끼운 채로 말린다. 물기가 마르면 수틀을 빼고 수틀 자국에만 물을 뿌려 손을 훑어주면 자국이 펴진다.

2 수를 완성한 다음 밑그림을 지우기 위해 물을 뿌리게 되는데 그냥 말리면 일부분이 수축할 수 있다. 이럴 때는 쿠션 위에 작품을 바르게 펴 핀으로 고정해 말린다.

3 리넨에 모사와 리넨실로 수놓은 자수품은 세탁할 수 있다. 실생활에서 사용한 자수품은 때가 타면 세탁망에 넣어서 빤다.

자수 기법

먼저 수놓을 대상을 자세히 관찰하고 생김새를 이해하시기 바랍니다. 예를 들면 쑥부쟁이 꽃술을 가만히 살펴보면 삐죽삐죽 위로 솟아 있습니다. 그렇게 보이는 대로 꽃술을 위로 뾰족하게 수놓아봅니다. 바늘은 붓이요, 실은 물감이라 생각하고 수를 놓다보면 좀 더 사실적으로 수놓을 수 있어요. 익숙해지면 수놓을 수 있는 대상이 훨씬 많아집니다. 예쁜 꽃을 만나면 자수 기법을 스스로 만들어서라도 수놓을 수 있게 되기를 바랍니다.

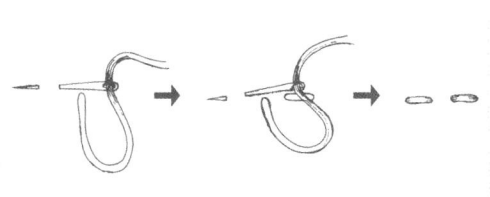 

1 러닝 스티치 Running stitch
바늘땀 길이를 일정하게 오른쪽에서 왼쪽으로 홈질 바느질한다.

2 휘프러닝 스티치 Whipped running stitch
러닝 스티치에 바탕천을 뜨지 않고 실을 휘감는 방법이다.

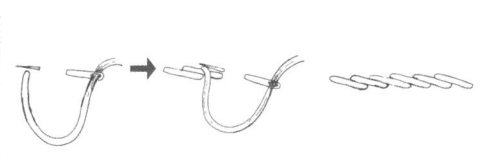 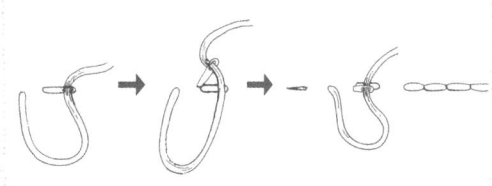

3 아웃라인 스티치 Outline stitch
왼쪽에서 오른쪽으로 바늘을 이동해가며 수놓는다. 바늘땀을 겹치면 두껍게 표현된다.

4 백 스티치 Back stitch
아웃라인 스티치와는 반대로 왼쪽에서 오른쪽으로 바느질한다. 겉에 보이는 바늘땀은 재봉틀 바늘땀처럼 일정하다.

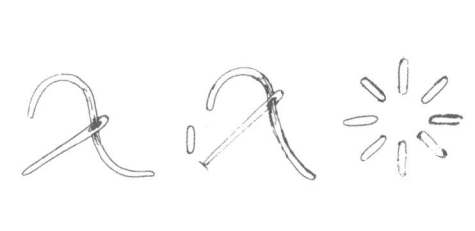 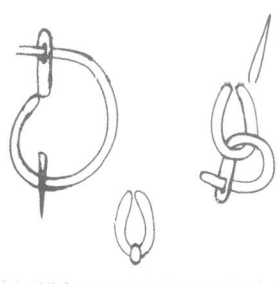

5 스트레이트 스티치 Straight stitch
직선으로 수놓는 스티치이다. 일정한 길이로 꽃을 수놓기도 하고 바늘땀을 길게 혹은 짧게 하여 꽃 중심을 수놓기도 한다.

6 레이지 데이지 스티치 Lazy daisy stitch
실을 바늘에 꿰어 고리 모양으로 수놓는 방법이다. 작은 꽃잎이나 잎을 수놓는다.

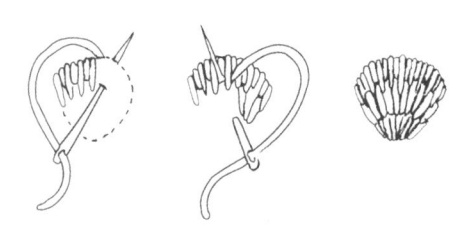 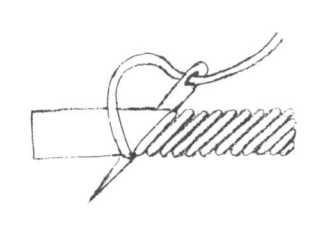

7 롱앤숏 스티치 Long and short stitch
바늘땀을 길고 짧게 수놓는다. 둥근 꽃잎이나 넓은 면을 채워가는 스티치이다.

8 새틴 스티치 Satin stitch
면을 수놓는 방법으로 잎과 두꺼운 줄기, 꽃망울 등에 스티치 한다.

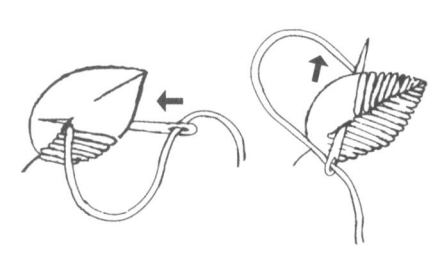 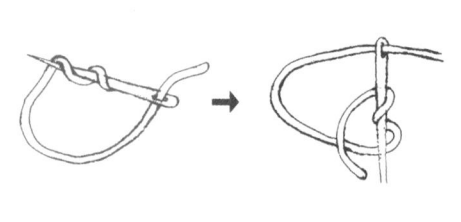

9 잎새틴 스티치 Leaf satin stitch
잎맥을 따라 사선으로 새틴 스티치 한다.

10 프렌치넛 스티치 French knot stitch
프렌치는 '프랑스의', 노트는 '매듭'의 뜻으로 실을 2회 감은 바늘을 그림과 같이 넣고 실을 잡아당겨 매듭을 만든다.

 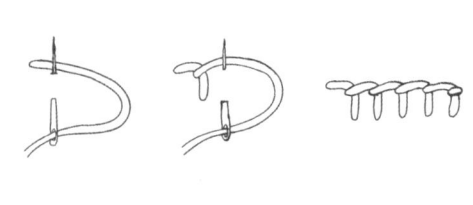

11 피스틸 스티치 Pistil stitch
프렌치넛 스티치에 바늘땀을 길게 꽂아 꽃술처럼 수놓는다.

12 버튼홀 스티치 Buttonhole stitch
단추구멍 뜨는 법과 같은 스티치이다. 블랭킷 스티치 Blanket stitch라고도 한다. 블랭킷 링 스티치 Blanket ring stitch로 둥글게 꽃을 수놓기도 한다.

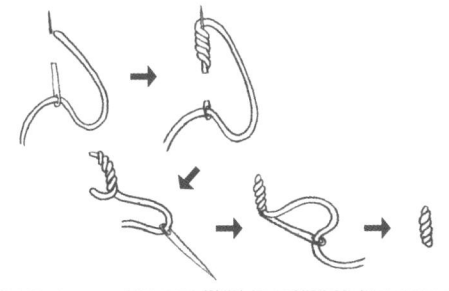

13 불리온 스티치 Bullion stitch
바늘에 실을 감아서 수놓는 방법이다. 둥글게 에워싸면서 장미꽃을 수놓을 수 있어서 불리온 로즈 스티치 bullion rose stitch란 명칭도 있다.

14 우븐피콧 스티치 Woven picot stitch
입체적으로 도드라지게 잎을 수놓는 방법이다.

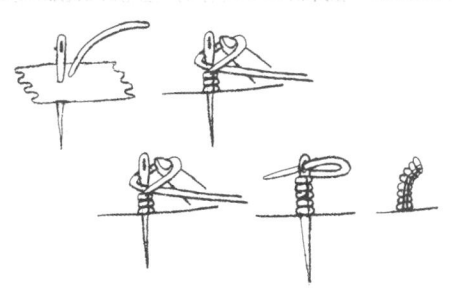
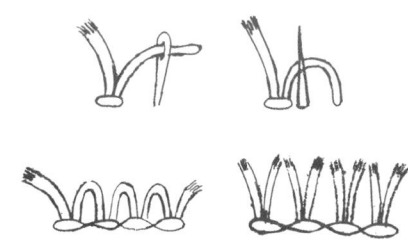

15 드리즐 스티치 Drizzle stitch
입체 자수로 위로 솟구친 기둥 모양으로 수놓는다.

16 터키럭 스티치 Turkey rug stitch
박음질로 수놓되 한쪽을 길게 술을 늘어뜨리듯 수놓은 뒤 일정한 길이로 잘라준다.

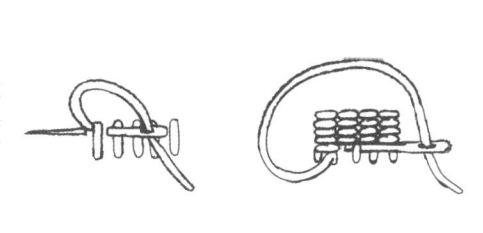
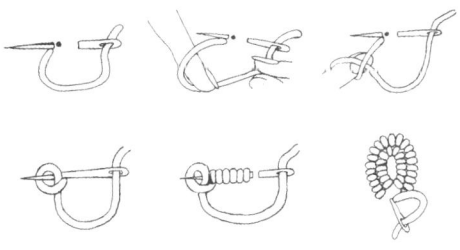

17 바스켓 스티치 Basket stitch
스트레이트로 세로줄을 수놓고 바탕천까지 뜨며 바구니 짜듯이 가로줄을 수놓는다.

18 캐스트온 스티치 Cast-on stich
캐스트온 스티치는 브라질 자수 중 하나로 뜨개질 모양의 입체적인 꽃을 수놓을 수 있다.

꽃과 자수

어느 가을날 산길 호젓이 걷다 보라꽃 군락을 만났는데
그 이름 몰라서 참 궁금했더랍니다.
이름표 달고 있지 않으면 예쁜 꽃들이 함박웃음을 날려도
너는 너, 나는 나일 수밖에 없습니다.
꽃 이름 찾아 요모조모 살펴가며 수놓다보니
이런 꽃도 있구나 감탄하게 됩니다.
비슷하게나마 수를 놓고 꽃 이름 붙여가며 숨은 이야기 하나하나 들쳐보니
하나같이 내 동무 같고 식구 같습니다.

씀바귀

봄에서 여름으로 가는 길목
햇살도 노랗게 나른해지는 때
길가에 간간이 노란빛 씀바귀
한 떼의 깔깔대는 소녀들처럼
잔바람에도 살랑대며 흔들리는
노란 씀바귀 풀꽃입니다.

How to Stitch

재료
바탕천(리넨), 모사(노란색 · 밤색 · 녹색)

자수법
꽃(노란색 · 밤색) 스트레이트 스티치
꽃망울(녹색) 스트레이트 스티치
줄기(녹색) 아웃라인 스티치
잎(녹색) 새틴 스티치

아메리칸블루

푸른 잉크빛 아메리칸블루
줄기를 수놓고
잎을 수놓고
푸른빛 꽃을 수놓습니다.

바늘 끝을 넘나들며
한 송이 푸른 꽃이 수놓아질 때
그 푸른 정기 또렷해지는 것이
또 얼마나 좋은지….

How to Stitch

재료
바탕천(리넨), 모사(파란색 · 흰색 · 녹색), 리넨실(밤색)

자수법
줄기(밤색) 휘프러닝 스티치
꽃잎(파란색) 버튼홀 스티치
꽃 중심(노란색) 스트레이트 스티치
잎(녹색) 새틴 스티치

민들레

민들레만큼 친근한 꽃이 있을까요!
민들레는 걸음마 하면서 배우는 꽃이라서
모르는 사람이 없을 거예요.
모두가 알아보는 정다운 꽃 민들레,
대도시 보도블록 틈에서도 뿌리내리고 꽃을 피우는
씩씩한 민들레입니다.

How to Stitch

재료
바탕천(리넨), 모사(노란색 · 밤색 · 흰색 · 녹색 · 진녹색)

자수법
꽃받침(녹색) 새틴 스티치
꽃잎(노란색 · 밤색) 스트레이트 스티치
홀씨(흰색 · 밤색) 터키럭 스티치
줄기(녹색) 아웃라인 스티치
잎(녹색 · 진녹색) 새틴 스티치

장미

하얀 리넨에 붉은 장미 수놓았습니다.
자수로 장미를 꽃피울 수 있다는 것이
얼마나 큰 즐거움인지 아시는지요.
밑그림 없이도 수놓을 수 있는 장미는
기차로 여행하는 중에도,
숲 속의 나무 아래서도 가볍게 수놓을 수 있습니다.
불리온 스티치로 장미를 둥글둥글 수놓다보면
어느새 장미 가득한 오월의 정원을 만날 수 있습니다.

How to Stitch

재료
바탕천(리넨), 모사(빨간색 · 녹색 · 연녹색 · 진녹색)

자수법
꽃(빨간색) 불리온 스티치
줄기(녹색) 아웃라인 스티치
잎(녹색 · 연녹색 · 진녹색) 새틴 스티치

백일홍

사립문을 들어서면 잘 쓸린 마당가에
줄줄이 심어놓은 꽃 중에 꼭 있습니다. 백일홍 꽃.
화단을 따로 만들지 않아도
백일홍으로 구획선을 그은 듯
나지막히 꽃담을 치는 백일홍.
백일홍 꽃을 쓰다듬으며
눈물짓던 어느 할아버지를 본 적 있습니다.
할머니가 사립문 드나들며 말 걸던 꽃이었을까요?

How to Stitch

재료
바탕천(천연염색한 광목), 모사(주홍색 · 분홍색 · 연분홍색 · 밤색 ·
진노란색 · 녹색 · 연녹색 · 진녹색 · 연하늘색 · 민트색)

자수법
꽃(주홍색 · 분홍색 · 연분홍색) 롱앤숏 스티치
꽃 중심(밤색 · 진노란색 · 녹색) 스트레이트 · 프렌치넛 스티치
줄기(녹색 · 연녹색 · 민트색) 아웃라인 스티치
잎(녹색 · 진녹색 · 연하늘색) 새틴 스티치

알리움

지구촌 구석구석에는
온갖 모양의 꽃들이 피어나지요.
특이한 꽃 모양을 대할 때
다만 그저 경이로울 뿐입니다.

둥근 꽃 알리움
어떻게 하면 둥글게
그 느낌을 살려 수놓을 수 있을까
고민하여 탄생한 알리움 자수입니다.

How to Stitch

재료
바탕천(리넨), 모사(보라색 · 연보라색 · 분홍색 · 진분홍색 · 녹색)

자수법
꽃줄기(녹색) 스트레이트 스티치
줄기(녹색) 새틴 스티치
꽃잎(보라색) 스트레이트 · 프렌치넛 스티치
꽃술(연보라색) 피스틸 스티치
꽃망울(분홍색) 스트레이트 스티치
꽃봉오리(분홍색 · 진분홍색) 스트레이트 스티치

아네모네

강렬한 빨강의 아네모네.
검은 비로드 같은 꽃 중심,
까만 꽃술에서 눈을 뗄 수가 없네요.
온통 시선을 빼앗겼으니
다른 꽃은 눈에 들어올 리가 없지요.
아네모네 한 송이만으로도
가득 차는 느낌입니다.

How to Stitch

재료
바탕천(리넨), 모직(검은색), 모사(빨간색 · 흰색 · 검은색 · 연녹색 · 녹색)

자수법
꽃(빨간색) 롱앤숏 스티치
꽃술(흰색 · 검은색) 모직 아플리케, 피스틸 · 스트레이트 스티치
잎(연녹색) 새틴 · 아웃라인 스티치
줄기(녹색) 새틴 스티치

흰 아네모네

다양한 품종의 아네모네가 있습니다.
꽃잎을 흰빛으로 하여 부드러운 느낌으로 수놓아봅니다.
실빛을 바꿔 연분홍 아네모네도 수놓아보세요.

How to Stitch

재료
바탕천(리넨), 모직(갈색), 모사(흰색 · 연노란색 · 보라색 · 녹색)

자수법
꽃(흰색) 롱앤숏 스티치
수술(연노란색) 모직 아플리케, 피스틸 스티치
줄기(보라색) 아웃라인 스티치
잎(녹색) 새틴 · 아웃라인 스티치

에키네시아

에키네시아를 처음 보았을 때
꽃 앞에 우두커니 서 있었습니다.
그때는 꽃 이름을 몰라서
모르는 그 꽃을 그냥 바라볼 수밖에요.
꽃 이름만 불러주어도
아는 사이가 되는 것이 얼마나 좋습니까!

에키네시아 꽃 핀 뜨락엔
이제 갓 핀 꽃,
시든 꽃잎 축 처져 달고 있는 꽃이
한데 어우러져 있는데
사람의 일대기와 다를 바가 없었습니다.
꽃의 생에서 사람의 생도 읽혔습니다.
에키네시아 꽃을 수놓고
그 이름 가만가만 불러봅니다.

How to Stitch

재료
바탕천(리넨), 모사(자주색 · 녹색), 벨벳(검은색)

자수법
줄기(녹색) 새틴 스티치
꽃잎(자주색) 새틴 스티치
꽃 중심(검은색) 벨벳 아플리케

맨드라미

붓 끝에 물감 찍어 그림 그리듯
맨드라미 그 턱수염 같은 털 한 올 한 올 세듯이 수놓고
깨보다도 작은 깜장 씨앗을 점점이 수놓다가 웃고 말았어요.
귀때기처럼 두둑한 꽃판에 꼬불거리는 꽃잎
꽃모가지 댕강 잘라 주머니에 쑤셔 넣고 다녀도
시들 줄 모르던 그 다부지고 씩씩한 꽃 맨드라미
주머니 속에서 만지작대던 그 꽃을
어찌 사랑하지 않을 수 있겠는지요.
장독대 옆에 닭 벼슬 같은 꽃을 달고
시위하듯 서 있던 맨드라미
고향집을 떠올리면 함께 떠오르는 꽃 맨드라미
가을볕에 담뱃잎처럼 말라가던
그 맨드라미를 기억하며 수놓았어요.

How to Stitch

재료
바탕천(슬러브 면), 모사(붉은색 · 주홍색 · 검은색 · 녹색 · 연녹색 · 진녹색)

자수법
꽃(붉은색 · 주홍색 · 검은색) 롱앤숏 · 스트레이트 · 새틴 · 프렌치넛 스티치
줄기(녹색) 아웃라인 · 새틴 스티치
잎(녹색 · 연녹색 · 진녹색) 새틴 · 아웃라인 스티치

입체 맨드라미

맨드라미를 가만 보면 참 재밌습니다.
그동안 보던 꽃들의 구체성은 보이지 않고
아주 개성 있는 모습을 하고 있습니다.
역삼각형 얼굴에 꼬불꼬불 파마머리
점점이 박힌 주근깨 게다가 홍당무 같은 주황색,
생김이 무척 유머스러워서 수를 놓으면서도 재밌어요.
세모 꽃판에 불리온 스티치로 꼬불꼬불 꽃잎을 표현했더니
앞이마가 툭 불거진 짱구 같기도 하고
주근깨 빨강머리 앤 같기도 한
귀엽고 익살스런 맨드라미가 되었습니다.

How to Stitch

재료
바탕천(리넨), 모사(진한 주황색 · 밝은 주황색 · 진녹색 · 연녹색)

자수법
꽃판(진한 주황색) 아웃라인 · 롱앤숏 스티치
줄기(진한 주황색) 아웃라인 스티치
꽃잎(밝은 주황색) 불리온 스티치
잎(진녹색 · 연녹색) 새틴 스티치

채송화

유년기를 떠올리면 어김없이 등장하는 채송화입니다.
기역자로 꺾이는 토방 구석에
올망졸망 무더기로 피어있던 채송화
토방가에 쪼그려 앉아
흙고물로 떡을 빚고
사금파리에 밥상을 차릴 때
채송화 꽃 핀 자리에 맺혀있는
그 작고 야무진 씨방을
밥그릇 뚜껑 열 듯 열고
"밥 잡수세요~" 하며 소꿉동무를 대접하던
그 시절 그 꽃이 채송화입니다.

How to Stitch

재료
바탕천(리넨), 모사(다홍색 · 빨간색 · 분홍색 · 흰색 · 진노란색 · 검은색 · 자주색 · 녹색 · 연녹색 · 진녹색)

자수법
꽃(다홍색 · 빨간색 · 분홍색 · 흰색) 롱앤숏 · 스트레이트 스티치
꽃 중심(진노란색 · 진녹색) 프렌치넛 스티치
씨방 · 꽃망울(검은색) 스트레이트 스티치
줄기(자주색) 아웃라인 스티치
잎(녹색 · 연녹색 · 진녹색) 스트레이트 스티치

여뀌

풀이 감동을 줍니다.
아무것도 아닌데
아무것도 아니라고 하는데
존재감 없이 피고지는 풀
살아내는 풀이 장해서
높은 뜻 받드는 풀이 장해서
풀꽃 여뀌 수놓습니다.

How to Stitch

재료
바탕천(리넨), 모사(분홍색 · 자주색 · 녹색)

자수법
꽃망울(분홍색 · 자주색) 스트레이트 스티치
줄기(자주색) 아웃라인 스티치
잎(녹색) 새틴 스티치

흰 고려엉겅퀴

흰 고려엉겅퀴입니다.
가는 흰색 리넨실로 꽃을 수놓았어요.
리넨실은 100% 풀로 된 실이어서
그대로 꽃잎같이 표현됩니다.
흰 고려엉겅퀴,
수놓은 꽃에도 나이가 얼비칩니다.
이제 갓 스물쯤,
청순하게 맑고 고운 꽃이 되었습니다.

How to Stitch

재료
바탕천(리넨), 모사(녹색 · 진녹색), 리넨실(흰색)

자수법
꽃받침(녹색) 롱앤숏 스티치
줄기(녹색) 아웃라인 스티치
잎(진녹색) 새틴 스티치
꽃잎(흰색) 아웃라인 · 스트레이트 스티치

능소화

무르익는 여름 뙤약볕 아래
주황빛으로 넝쿨지어 피어오르는 능소화.
이름도 모르고 그저 단순히 주황 꽃으로 보일 때는
예쁜 줄 몰랐는데,
아버지가 딸의 방 창문 쪽에 나무를 심고
능소화 꽃줄기를 창문 쪽으로 끌어주며
딸이 창문 쪽으로 눈을 돌리면 볼 수 있게 피어 올려주었다는
글을 읽고
글 속에서 처음 이름을 본 능소화가 어떤 꽃일까
궁금했습니다.

How to Stitch

재료
바탕천(광목), 모사(주홍색 · 주황색 · 밤색 · 흰색 · 연노란색 ·
연녹색 · 진녹색)

자수법
꽃(주홍색) 롱앤숏 스티치
꽃 중심(주황색 · 흰색 · 연노란색 · 밤색) 스트레이트 스티치
꽃받침(연녹색) 새틴 스티치
줄기(연녹색) 아웃라인 스티치
잎(연녹색 · 진녹색) 새틴 스티치

방동사니

모두들 잡초라고 쳐다보지도 않잖아요.
그렇지만 이 억센 풀에도 자기애가 있답니다.
오늘은 방동사니가 꽃도 달고 있으니
우리 오래 들여다봐 주자고요.
너 참 장하다 하고….

How to Stitch

재료
바탕천(광목), 모사(녹색·고동색), 리넨실(밤색)

자수법
잎·줄기(녹색) 아웃라인 스티치
뿌리(고동색) 새틴·아웃라인 스티치
꽃잎(밤색) 스트레이트·휘프러닝 스티치

엉겅퀴

들길을 걷다 엉겅퀴를 만나면
아는 가시내 만난 마냥 반갑습니다.
그저 순하지 않고
성깔 좀 있는 가시내
선머스마 같은
도무지 여인네라고는 숨어있지 않을 것 같은
언제까지나 가시내일 것 같은
엉겅퀴를 만나면 반갑습니다.

How to Stitch

재료
바탕천(광목), 모사(분홍색 · 자주색 · 연녹색 · 진녹색)

자수법
꽃받침(연녹색) 레이지데이지 스티치
줄기(연녹색) 아웃라인 스티치
잎(진녹색) 새틴 스티치
꽃잎(분홍색 · 자주색) 아웃라인 스티치

질경이

동네 쉼터 긴 나무의자 아래에는
질경이가 잔뜩 돋아있습니다.
그 질경이 밭은 노상 사람들의 발에 밟힙니다.
어느 날 그 나무의자에 앉아
질경이를 자세히 살펴보았습니다.
아무리 사람들의 발에 밟혀도 아무렇지도 않게
새 잎으로 파릇파릇합니다.
잦은 비로 오히려 더 싱싱해져 있었습니다.
밟혀도 피는 꽃 질경이.
목숨이 그다지도 질겨서 질경이.
마차바퀴가 지나가며 짓이겨놓아도 다시 꿋꿋이 피어난다고
'차전자'라고도 불리는 질경이를 수놓아봅니다.
백자토 같은 리넨에 청색실로만 수놓았습니다.

한 가지색으로만 수놓는 것을 단색자수라고 합니다.

How to Stitch

재료
바탕천(리넨), 모사(청색)

자수법
꽃(청색) 프렌치넛 스티치
줄기(청색) 아웃라인 스티치
잎(청색) 휘프러닝 스티치

봉선화

여름밤에 모깃불 피어놓고
손톱에 봉숭아 물 들이던 밤을 기억합니다.
엄마가 딸을
딸이 엄마를
서로서로 봉숭아 물 손톱에 묶어주던
옛날을 추억합니다.
서로 머리 맞대고 봉숭아 물 들이던
그 하염없이 작고 어여쁜 몸짓을
오래 기억하렵니다.

How to Stitch

재료
바탕천(리넨), 모사(녹색 · 진녹색 · 연녹색 · 보라색 · 흰색 · 빨간색)

자수법
줄기(연녹색) 아웃라인 스티치
잎(진녹색 · 녹색) 새틴 스티치
꽃(보라색 · 흰색 · 빨간색) 새틴 · 아웃라인 스티치

코스모스

코스모스는 어떤 색깔이 예뻐?
혈액형은 뭐야?
비는 무슨 색깔 같아?
어떤 성씨가 좋아?
그런 식으로 코드 맞춰 둔 친구들
다 어디로 갔는지…
코스모스 수놓으며
옛 친구 얼굴 떠올려봅니다.

How to Stitch

재료
바탕천(리넨), 모사(분홍색 · 보라색 · 노란색 · 녹색 · 진녹색)

자수법
꽃잎(분홍색 · 보라색) 롱앤숏 스티치
꽃 중심(노란색) 프렌치넛 스티치
꽃받침(녹색 · 진녹색) 롱앤숏 · 아웃라인 스티치
줄기 · 잎(녹색) 아웃라인 스티치

쑥부쟁이

가을 초입에 쑥부쟁이 꽃이 인사합니다.
그러나 늘 고개 갸웃하게 되는 건
같은 교실 같은 교복 입은 아롱이다롱이처럼
쑥부쟁이, 구절초, 개미취가 그게 그거 같아서 말이죠.
쑥부쟁이만 해도
개쑥부쟁이, 섬쑥부쟁이, 미국쑥부쟁이, 까실쑥부쟁이…
비슷한 꽃들이 가을 들판에 다투어 예쁘게 피어납니다.
들길을 걸으면 만나지는 예쁜 가을꽃
쑥부쟁이 곱게 수놓아봅니다.

How to Stitch

재료
바탕천(리넨), 모사(하늘색 · 노란색 · 밤색 · 녹색)

자수법
꽃(하늘색) 새틴 스티치
꽃 중심(노란색 · 밤색) 스트레이트 스티치
꽃받침(녹색) 새틴 스티치
줄기(녹색) 아웃라인 스티치
잎(녹색) 새틴 스티치
꽃망울(녹색 · 하늘색) 롱앤숏 · 스트레이트 스티치

구절초 바구니

무덥던 여름이 가고
연보랏빛 꽃잎 가늘게 올라 온 구절초를 보면
바람결 어딘가에 선선한 가을향이 묻어납니다.
레일 위로 달리는 기차처럼
어떤 질서의 힘으로 어김없이 가을이 오고
가을꽃이 피고
가을바람이 불고
가을바람에 이울어가는 가을꽃들을 대하게 됩니다.
그 시드는 꽃잎 하나까지도
책 속의 글처럼 의미를 부여하고 싶습니다.
조금은 느리게
사색하며 구월의 한나절을 보냅니다.

How to Stitch

재료
바탕천(리넨), 모사(흰색 · 연보라색 · 진보라색 · 진녹색 · 연녹색),
리넨실(밤색)

자수법
바구니(흰색) 바스켓 스티치
꽃(연보라색 · 진보라색) 캐스트온 · 스트레이트 스티치
잎(진녹색) 아웃라인 스티치
아이비줄기(밤색) 휘프러닝 스티치
아이비잎(연녹색) 스트레이트 스티치

과꽃

과꽃을 보고 있노라면
그만그만해진 향수병이 도집니다.
도심의 식당집 문간에
한 뼘 땅도 아닌 고무통에 피어있는 과꽃은
왜 그리 서러운지요.
기가 막힐 고무통이라도 넉넉히 뿌리내리고
꽃대 튼실하게 피워 올렸건만,
도시에서 보는 과꽃은 서럽습니다.
선뜻선뜻 찬 기운 도는 늦가을 과꽃은
꽃빛도 보랏빛으로 움츠립니다.
시들기도 전 된서리에 얼어버린 과꽃은
이래저래 시리고 서럽습니다.

How to Stitch

재료
바탕천(리넨), 모사(진분홍색 · 연노란색 · 자주색 · 녹색)

자수법
꽃잎(진분홍색) 우븐피콧 스티치
꽃 중심(연노란색) 드리즐 스티치
줄기(자주색) 아웃라인 스티치
잎(녹색) 새틴 스티치

솜다리

줄리 앤드루스의 〈사운드 오브 뮤직〉에서
물기 가득한 음색으로 폰트랍 대령이 부르던
그 노래 속 에델바이스.
에델바이스는 스위스 알프스의 눈 속에 피는 꽃으로
꽃과 잎에 솜이 엉겨 붙은 형상을 하고 있습니다.
우리나라에서는 솜다리라고 부릅니다.

How to Stitch

재료
바탕천(리넨), 모사(흰색 · 연노란색 · 녹색 · 연녹색 · 밤색)

자수법
꽃잎(흰색) 우븐피콧 스티치
꽃 중심(연노란색) 프렌치넛 스티치
줄기(연녹색) 아웃라인 스티치
잎(녹색 · 연녹색) 새틴 스티치
뿌리(밤색) 새틴 · 휘프러닝 스티치

수놓는 과정

완성된 수에서는 수놓는 순서를 가늠할 수 없는 것도 있습니다.
줄기를 먼저 수놓을까, 꽃을 먼저 수놓을까
몇 번만 수놓아보면 알 수 있겠지만
바탕천에 닿은 맨 아래 수놓일 것을 먼저 수놓습니다.
민들레 홀씨를 예로 들면
속씨를 수놓고, 꽃받침을 수놓고, 씨앗에서 뻗은 줄기를 수놓고,
홀씨 날개를 우산대처럼 활짝 펴서 수놓습니다.
몇 가지 자수를 예로 보면서 수놓는 순서를 배워보고
스티치 방법도 살펴보시기 바랍니다.

여뀌

여뀌는 줄기가 가늘게 휘어진 듯 그려야 자연스럽습니다.
여뀌 줄기를 그릴 때 손목에 힘을 빼고
밑그림 펜을 아래에서 위로 올리면서 붓으로 난을 치듯 그려보세요.
그러면 가늘고 약간 구불거리는 줄기가 됩니다.
한 줄기 여뀌도 예쁘지만
자연스럽게 더 그려가면서 여뀌 군락을 수놓아보는 건 어떠세요.
여뀌를 수놓으며 아웃라인 스티치를 연습해보세요.

How to Stitch

재료
바탕천(리넨), 모사(분홍색 · 진분홍색 · 녹색)

자수법
꽃잎(분홍색 · 진분홍색) 스트레이트 스티치
줄기(진분홍색) 아웃라인 스티치
잎(녹색) 새틴 스티치

이렇게 수놓으세요

1 다섯 겹의 분홍색 실로 5mm 길이로 밖에서 안으로 스트레이트 스티치 한다.

2 진분홍색 실 한 겹으로 꽃망울 양 옆을 감싸듯 스트레이트 스티치 한다.

3 줄기는 진분홍색 실 한 겹으로 아웃라인 스티치 한다.

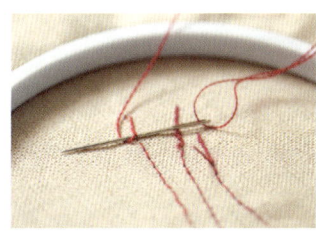

4 아웃라인 스티치로 줄기를 수놓고 매듭지을 때는 세 땀쯤 휘감아 올라와서 매듭짓는다.

5 잎은 새틴 스티치 한다.

6 잎을 새틴 스티치로 마치고 세 땀쯤 뜨고 매듭짓는다.

민들레 홀씨

아가 옷에 민들레 홀씨를 수놓으면
얼마나 예쁠까!
손수건이나 필통, 보조가방에
민들레 홀씨를 수놓아보세요.

How to Stitch

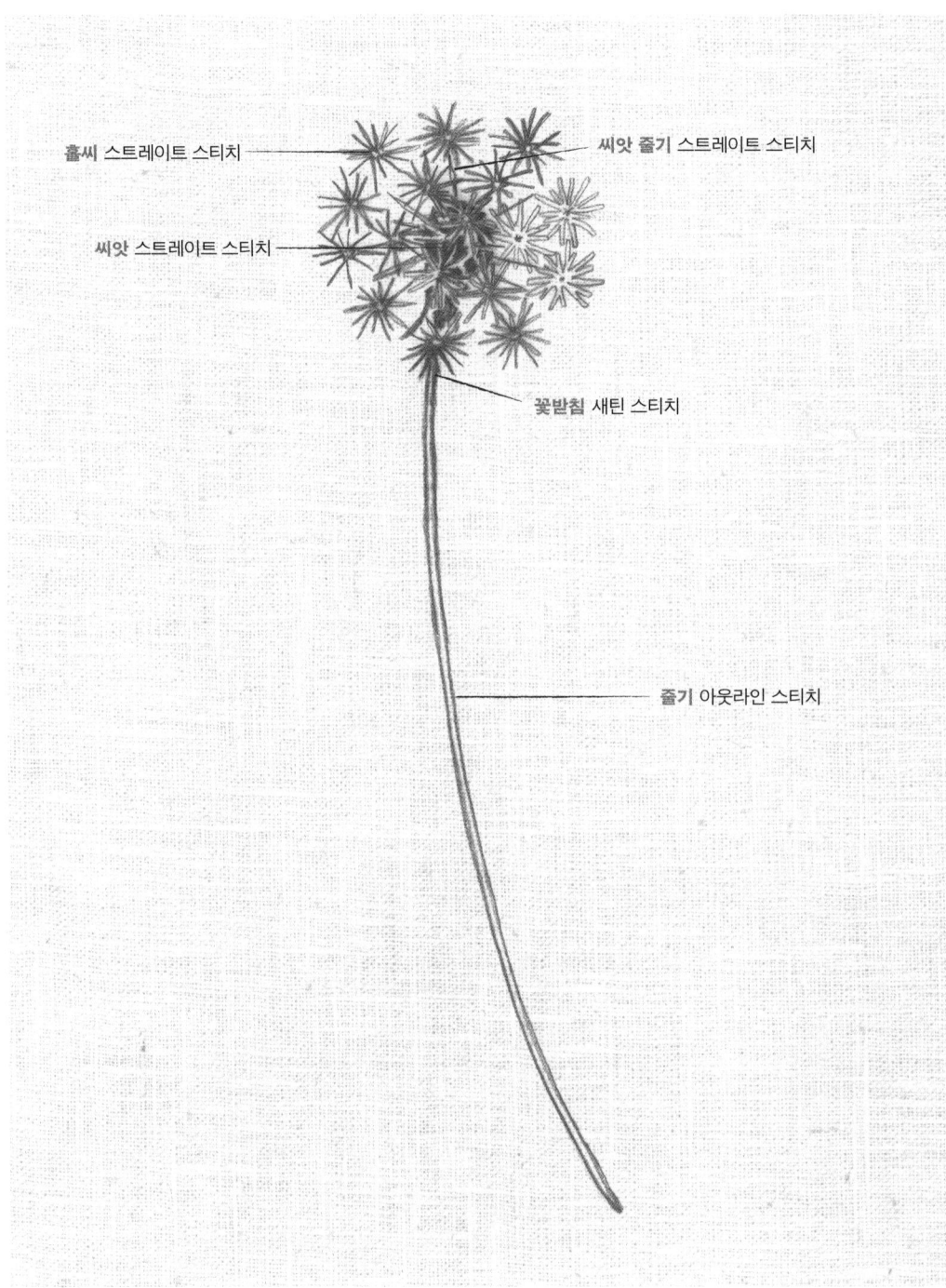

재료
바탕천(리넨), 모사(흰색 · 녹색 · 밤색)

자수법
씨앗(밤색) 스트레이트 스티치
꽃받침(녹색) 새틴 스티치
줄기(녹색) 아웃라인 스티치
씨앗 줄기(흰색) 스트레이트 스티치
홀씨(흰색) 스트레이트 스티치

이렇게 수놓으세요

1 씨앗은 작은 동그라미 경계를 따라 3mm 스트레이트 스티치 한다.

2 새틴 스티치로 아래로 꺾여진 꽃받침을 표현하고 줄기를 수놓는다.

3 씨앗 줄기는 가늘게 씨앗 하나하나에서 바깥쪽에서 안쪽으로 스트레이트 스티치 한다.

4 6~8 방향으로 홀씨 날개 부분을 스트레이트 스티치 한다.

무스카리

03

수선화처럼 구근이 있고
꽃대가 약간 두껍게 올라옵니다.
꽃은 종 모양으로 조르르 달려있는데
꽃 그림을 그릴 때 어긋나게 그려야
자연스럽게 표현할 수 있습니다.

How to Stitch

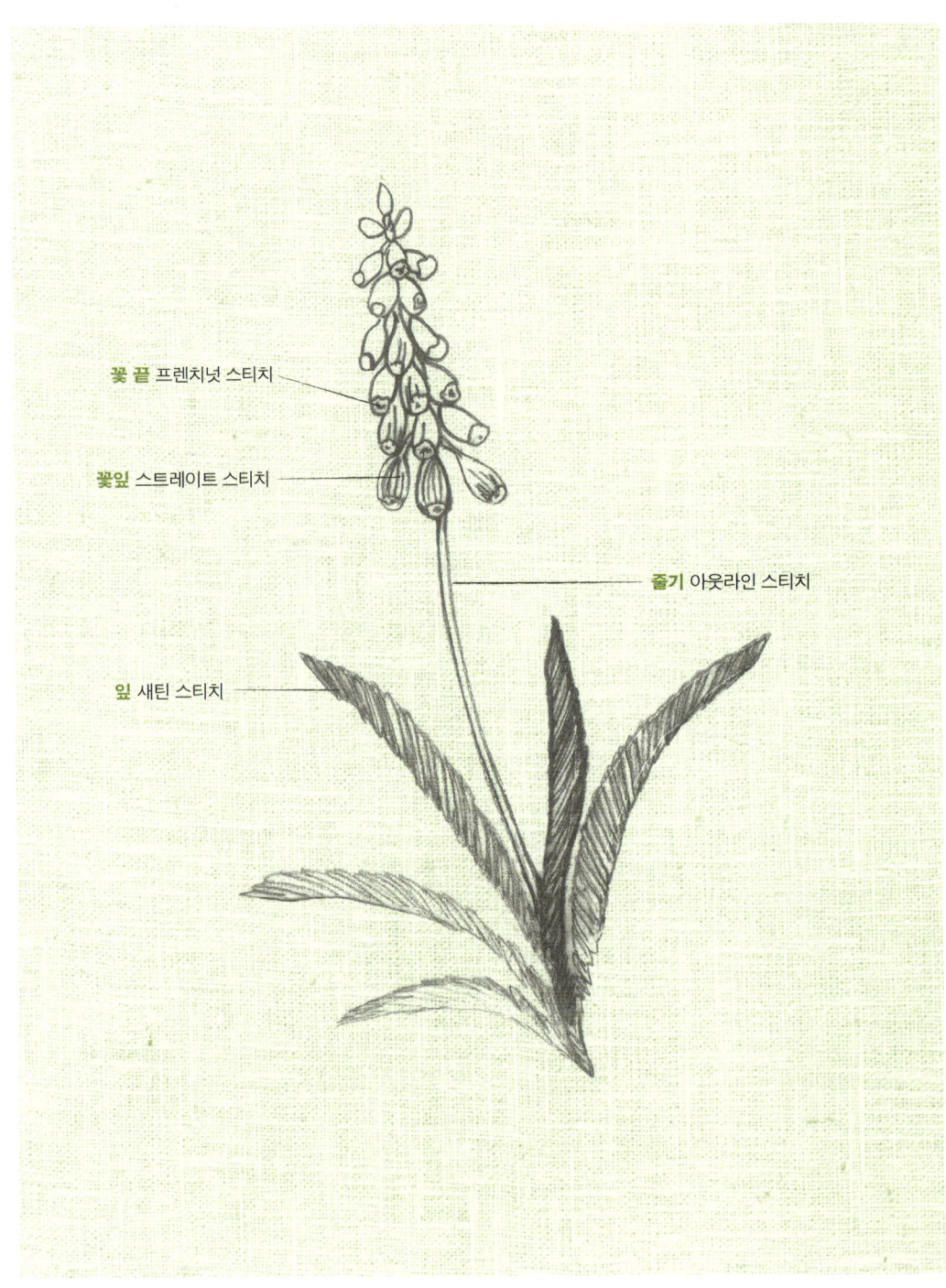

꽃 끝 프렌치넛 스티치
꽃잎 스트레이트 스티치
줄기 아웃라인 스티치
잎 새틴 스티치

재료
바탕천(리넨), 모사(파란색 · 녹색 · 연녹색 · 진녹색), 리넨실(흰색)

자수법
꽃잎(파란색 · 흰색) 스트레이트 · 프렌치넛 스티치
줄기(연녹색) 아웃라인 스티치
잎(녹색 · 연녹색 · 진녹색) 새틴 스치티

이렇게 수놓으세요

1 줄기를 약간 굵게 새틴 스티치 한다. 꽃은 3회 스트레이트 스티치로 메운다.

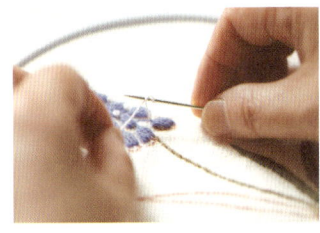

2 흰 리넨실로 꽃 끝에 프렌치넛 스티치 한다.

3 꽃 끝에 프렌치넛 스티치를 느슨하게 수놓고 바늘 한 땀 더 떠서 고정한다.

4 잎은 사선으로 새틴 스티치 한다.

아메리칸블루

꽃이 푸르게 피니까 더 눈에 띄어요.
붉거나 분홍이거나
노랗거나 주홍빛이 아닌,
푸른 꽃 아메리칸블루는
그다지 시선을 끌지 않으면서도 보고 있으면
눈이 시원해지는 꽃입니다.
양철통 같은데 한 무더기 피어있으면
괜히 말 걸어주고 싶고 절로 콧노래가 나옵니다.
꽃 핀 아침에 기분 좋게 흥얼거릴 수 있는 건
아메리칸블루 덕분입니다.

How to Stitch

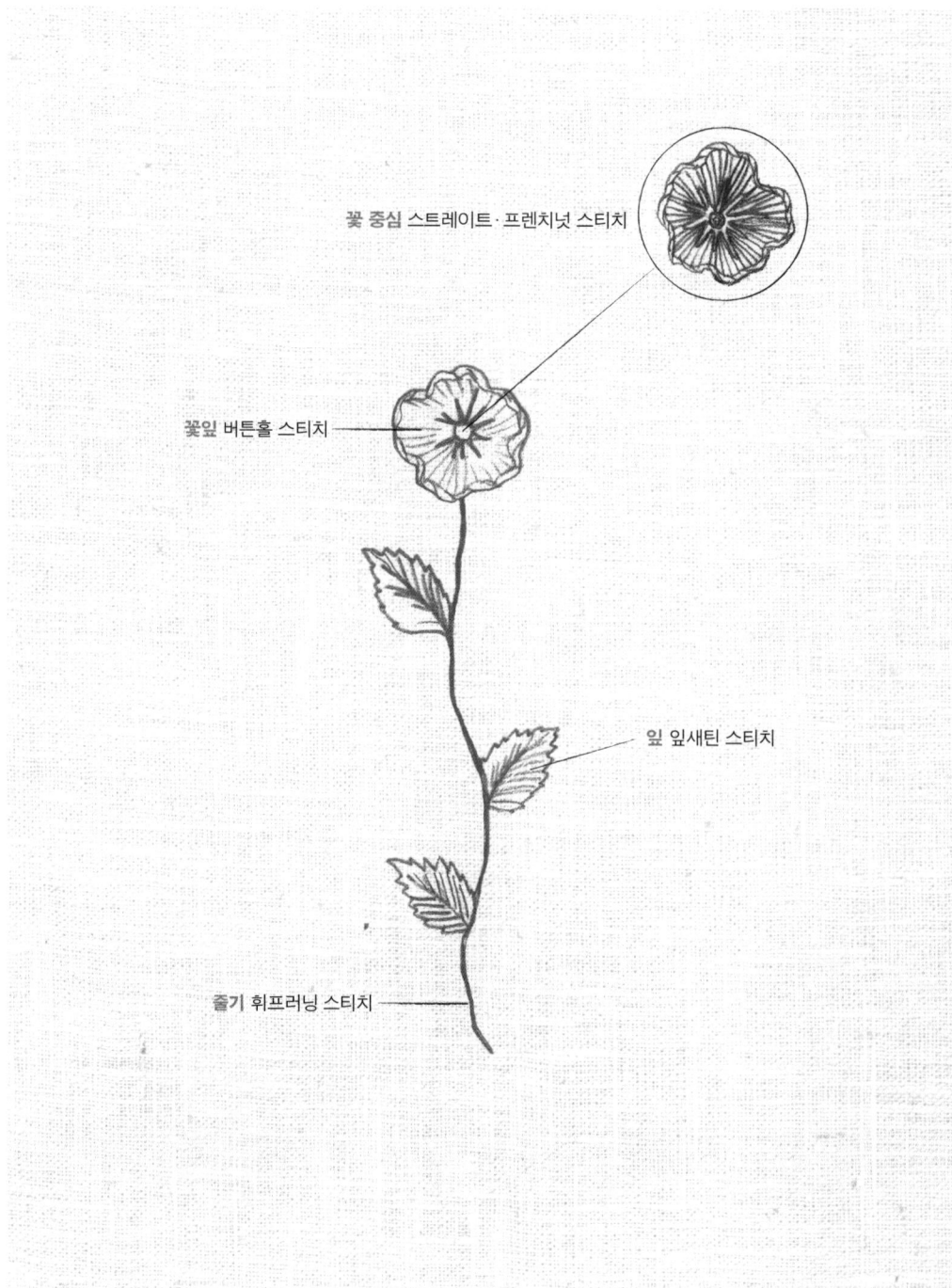

재료
바탕천(리넨), 모사(파란색 · 녹색), 리넨실(밤색 · 흰색)

자수법
줄기(밤색) 휘프러닝 스티치
꽃잎(파란색) 버튼홀 스티치
꽃 중심(흰색) 스트레이트 · 프렌치넛 스티치
잎(녹색) 잎새틴 스티치

이렇게 수놓으세요

1 아메리칸블루 줄기를 조금 휘어진 듯 그린 뒤 휘프러닝 스티치 한다.

2 꽃잎은 바깥쪽으로 당기며 버튼홀 스티치 한다.

3 꽃 중심은 밖에서 안쪽으로 스트레이트 스티치 한다.

4 잎은 잎맥을 따라 사선으로 잎맥 쪽으로 바늘이 나오게 새틴 스티치 한다.

5 잎 끝을 뾰족하게 수놓고 이번에는 바늘 방향을 바꿔 잎맥 쪽으로 바늘을 들어가게 하며 사선으로 새틴 스티치 한다.

05

알리움

여왕이 드는 홀처럼
꽃대가 든든하고 둥근 꽃도 상당히 큽니다.
꽃을 잘 받쳐 들 수 있도록
줄기를 좀 두껍게 새틴 스티치로 표현합니다.
둥근 형태의 꽃을 수놓을 때는
미리 바깥 경계를 둥그렇게 그어놓고
자잘한 꽃들이 경계를 넘지 않도록 합니다.
바깥부터 수를 놓고 안으로 들어오면서 수놓다보면
점점 좁아지면서 꽃잎이 닿을 것 같아 은근 어렵게 느껴집니다.
그래도 빈칸을 잘 채워 수놓다보면
둥근 꽃 알리움이 수놓아집니다.
둥근 알리움 꽃에 빛을 쪼여주고 싶어서 11시 방향에
브라이트닝 표현을 했습니다.
빛이 있어서 더 둥글어 보이고 알리움 꽃에서 빛이 나는 것 같습니다.

How to Stitch

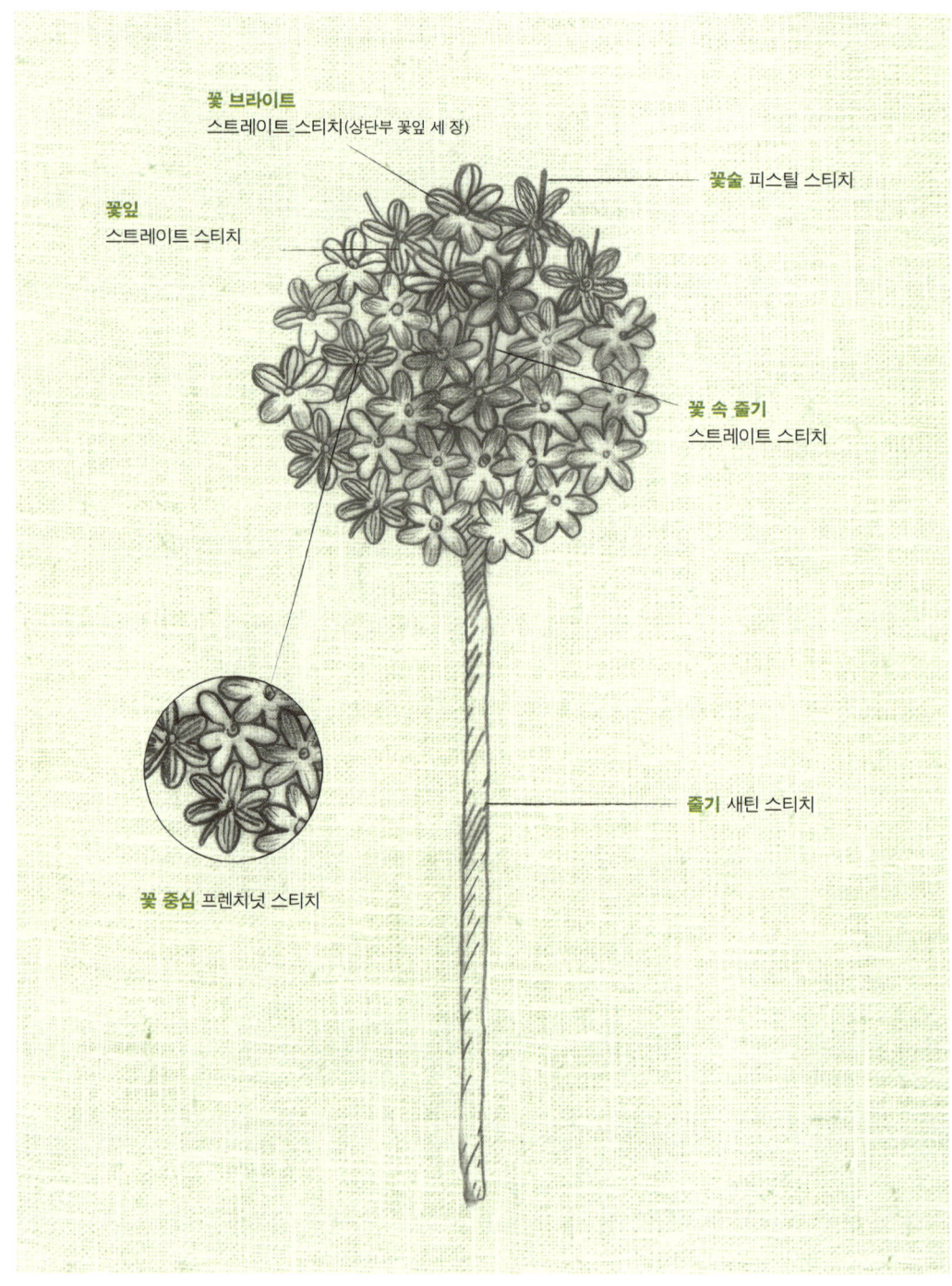

재료

바탕천(리넨), 모사(보라색·
연보라색·진보라색·녹색)

자수법

줄기(녹색) 새틴 스티치
꽃 속 줄기(녹색) 스트레이트 스티치
꽃잎(보라색) 스트레이트 스티치
꽃술(연보라색) 피스틸 스티치
꽃 중심(연보라색) 프렌치넛 스티치

이렇게 수놓으세요

1 줄기는 사선으로 새틴 스티치 한다.

2 꽃 속 줄기는 밖에서 안으로 스트레이트 스티치 한다.

3 꽃 경계를 미리 둥글게 그려놓고 수놓는다.

4 꽃은 여섯 꽃잎 스트레이트 스티치 한다.

5 상단부 꽃잎 세 장만 스트레이트 스티치해 꽃에 빛을 표현한다.

6 꽃술 한 가닥 실로 피스틸 스티치 한다.

7 꽃 중심은 프렌치넛 스티치 한다.

에키네시아

에키네시아는 큰 꽃이라서 한 송이만 수놓아도
꽉 차는 느낌이 듭니다.
에키네시아 꽃 중심은 만개할수록
위로 솟아오릅니다.
꽃 중심을 벨벳으로 아플리케 했는데
쉽고도 재밌습니다.

How to Stitch

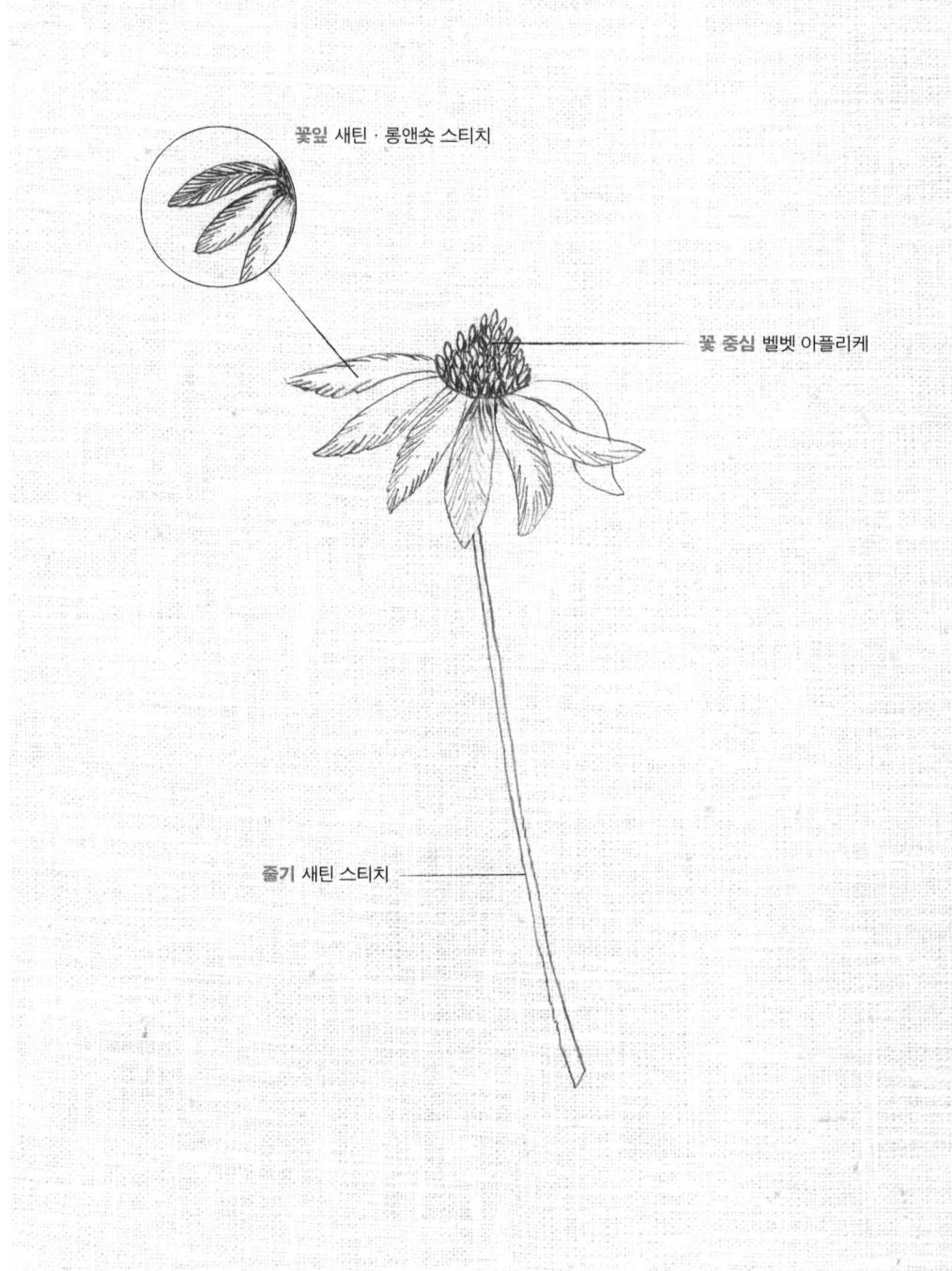

재료
바탕천(리넨), 벨벳(연밤색), 모사(흰색·자주색·연녹색)

자수법
줄기(자주색·연녹색) 새틴 스티치
꽃잎(흰색·자주색) 새틴·롱앤숏 스티치
꽃 중심 벨벳 아플리케

이렇게 수놓으세요

1 줄기는 사선으로 새틴 스티치 한다. 꽃잎도 새틴 스티치 한다.

2 꽃잎은 새틴 스티치 하고 덜 채워진 부분은 실 1겹으로 메꾸며 수놓는다.

3 꽃 중심은 벨벳을 동그랗게 오려 가장자리를 홈질하여 당겨서 꽃 중심 크기를 조절한다.

4 꽃 중심을 벨벳으로 싸개단추 만들 듯하여 밑그림에 맞춰 모양을 잡는다.

5 에키네시아 꽃 중심에 맞춰 공그르기로 아플리케 한다.

6 벨벳의 털 방향을 바늘 끝으로 세워준다.

07

백련

입체 자수로 백련을 수놓았습니다.
초록 위에 둥둥 뜬 백련이 무척이나 희네요.
초록 연잎과 백련이 어디에 떠 있을까요.
보이지는 않지만,
연못에 떠 있지 않겠습니까!
연꽃잎 봉긋한 이것을 뭐에 쓸까요?
바르게 펴두고 차나 한 잔 하겠습니다.

How to Stitch

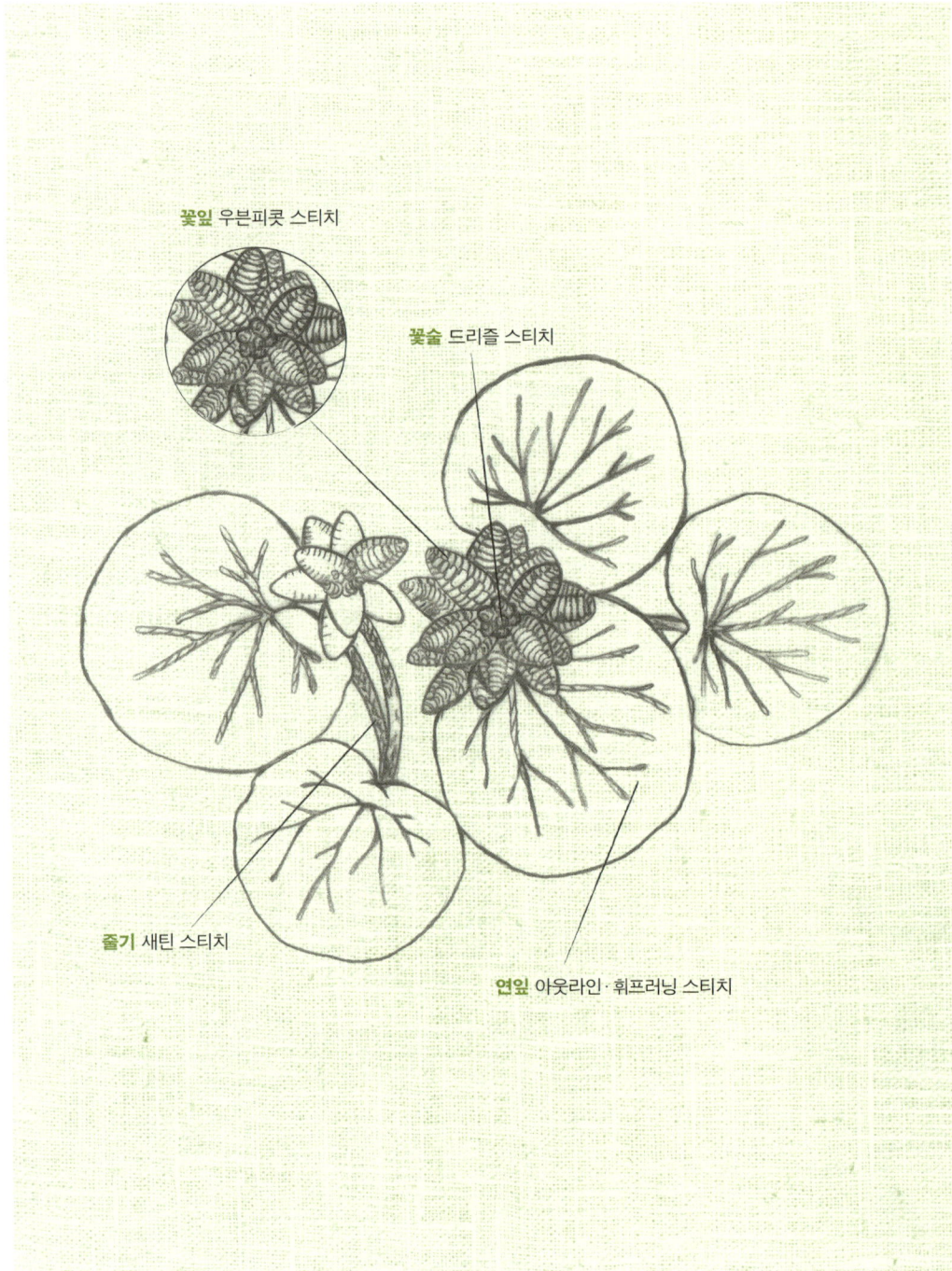

재료
바탕천(리넨), 모직(녹색)
모사(흰색·연노란색·녹색·
연녹색)

자수법
꽃잎(흰색) 우븐피콧 스티치
연잎(녹색) 아웃라인·휘프러닝
스티치
꽃술(연노란색) 드리즐 스티치
줄기(연녹색) 새틴 스티치

이렇게 수놓으세요

1 실을 핀에 걸 때 좌우가 같게 팽팽하게 한다.

2 팽팽하게 세 줄의 기둥을 만들고 실을 교차하며 바구니 짜듯이 위부터 채워가며 수놓는다.

3 꼭짓점을 잘 채워야 꽃잎이 뒤틀리지 않는다.

4 세모꼴로 꽃잎 하나를 수놓은 다음 기둥 하나에 바늘땀을 꽂아 고정한다.

5 모직을 오려서 아웃라인 스티치 하며 잎을 붙여준다.

6 줄기는 새틴 스티치 한다. 가는 잎맥은 휘프러닝 스티치 한다.

7 꽃술은 드리즐 스티치 한다.

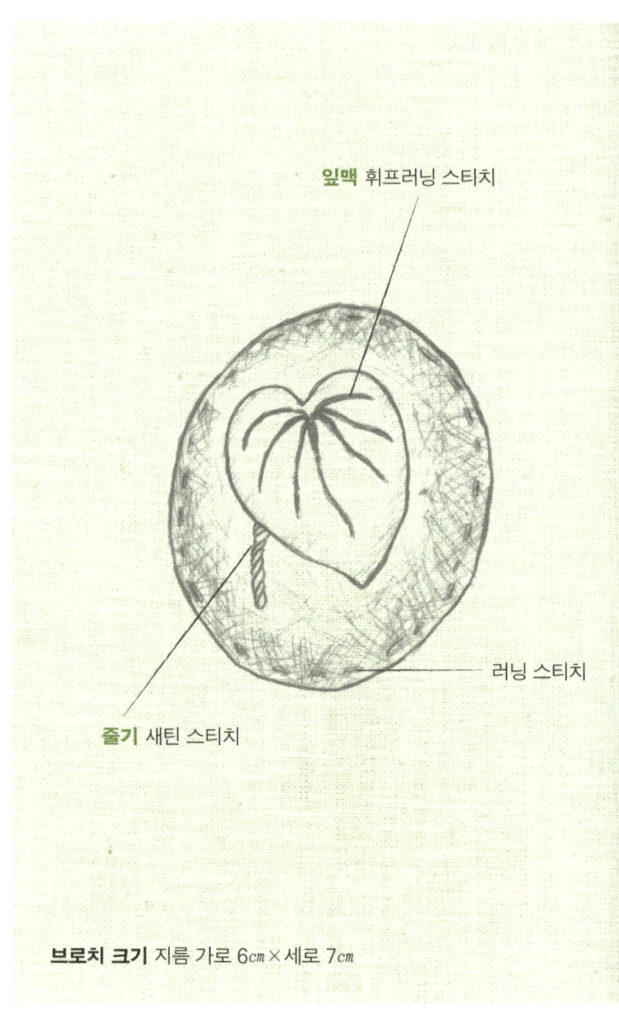

잎맥 휘프러닝 스티치

줄기 새틴 스티치

러닝 스티치

브로치 크기 지름 가로 6㎝ × 세로 7㎝

08 토란잎 브로치

가장자리 올이 풀리지 않는 양모로
손쉽게 브로치를 만들어보세요.
토란잎 브로치는 쉽게 만들 수 있는 브로치입니다.
마지막으로 작은 물방울 하나 올리는 재미도 놓치지 마세요.
손으로 바느질하여 뭘 만든다는 건 무척 즐거운 일입니다.

How to Stitch

재료
양모(베이지색), 모직(녹색),
모사(녹색), 구슬, 브로치 핀

자수법
잎맥(녹색) 휘프러닝 스티치
줄기(녹색) 새틴 스티치

이렇게 수놓으세요

1 양모를 먼저 브로치 크기로 동그랗게 한 장 오리고 모직은 토란잎 모양으로 오려 준비한다.

2 토란잎이 될 모직을 양모에 휘프러닝 스티치 하며 붙인다.

3 줄기는 새틴 스티치 한다.

4 토란잎 붙인 윗판을 다시 양모 위에 올려놓고 러닝 스티치로 꿰매 붙인다.

5 브로치 앞판에 맞춰 나머지 뒤판을 가위로 오려낸다.

6 뒷면에 브로치 핀을 단다.

7 마지막으로 비즈를 달아 물방울을 장식한다.

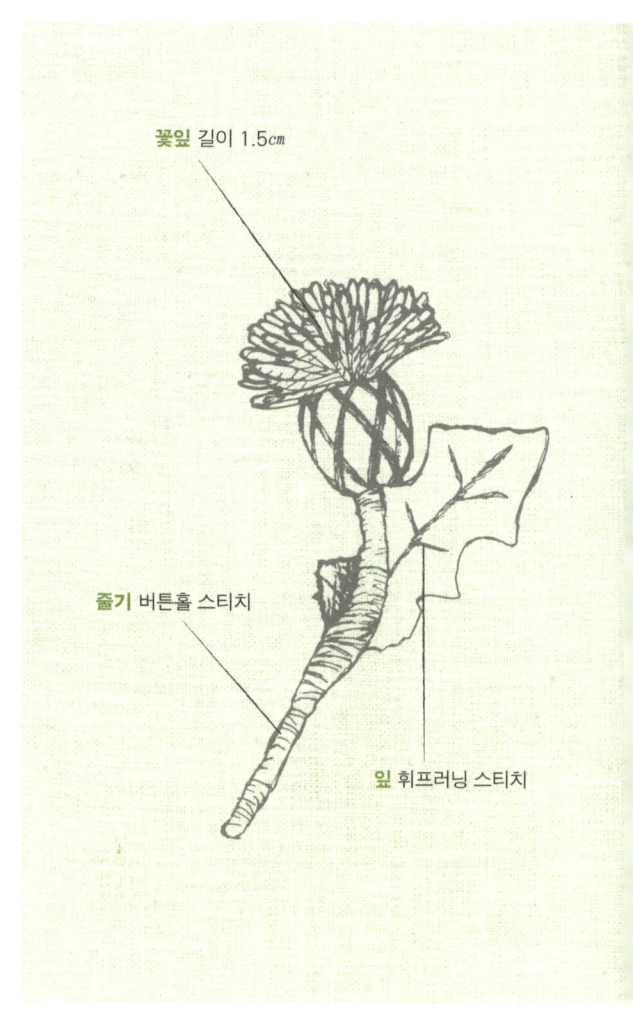

꽃잎 길이 1.5cm

줄기 버튼홀 스티치

잎 휘프러닝 스티치

09 엉겅퀴 브로치

바탕천에 붙어있지 않은
독립적인 입체 자수 엉겅퀴를 만들어볼까요.
똑같은 방법으로 꽃빛만 바꾸면 홍화꽃이 됩니다.
꽃빛이나 잎 모양에 변화를 주어
꽃 한 송이 브로치를 다양하게 만들어보세요.
겨울 코트나 단색 스웨터에 달기도 하고 패브릭 가방에 달기도 해요.

How to Stitch

재료
목구슬, 모직(녹색), 모사(분홍색·녹색·밤색), 브로치 핀

자수법
- 줄기(밤색) 버튼홀 스티치
- 잎(녹색) 휘프러닝 스티치

이렇게 수놓으세요

1 목구슬에 녹색 실을 감는다.

2 밤색 실을 격자무늬로 감는다.

3 실들을 모아내린 줄기에 격자무늬를 감았던 밤색 실로 버튼홀 스티치로 감아 묶어 줄기를 만든다.

4 분홍색 실을 오르내리며 꽃잎을 채운다.

5 분홍색 실 끝을 잘라 엉겅퀴 꽃잎을 만든다.

6 모직을 오려서 잎맥을 휘프러닝 스티치로 연결하여 수놓고 꿰매 붙인다.

7 브로치 핀을 꿰매어 단다.

장미

불리온 스티치로 수놓는 장미는
자수기법으로 맺어지는 꽃이라 도안이 필요하지 않습니다.
꽃 위치만 표시하고 수놓습니다.
불리온 스티치는 바늘에 감아서 수놓기 때문에
실이 150cm 가량 필요합니다.
실의 굵기에 따라 꽃이 크게도 되고 작게도 됩니다.
브로치에는 작게
스웨터에 수놓을 때는 크게
꽃 크기에 변화를 주면서 수놓아보세요.

How to Stitch

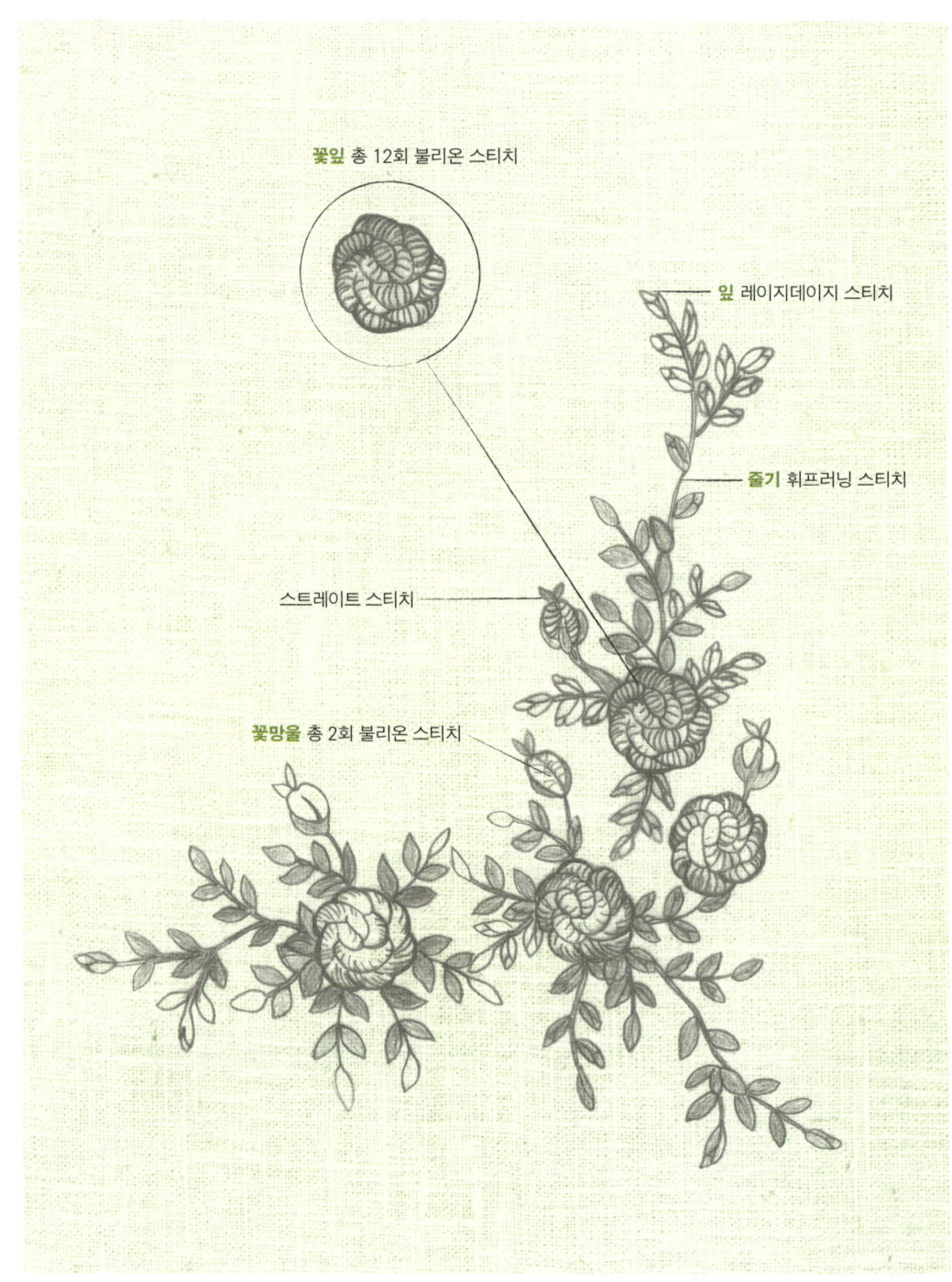

재료
바탕천(리넨), 모사(빨간색·갈색·진녹색·연녹색)

자수법
꽃잎(빨간색) 불리온 스티치
줄기(갈색) 휘프러닝 스티치
잎(진녹색·연녹색) 레이지데이지 스티치
꽃망울(빨간색) 불리온·스트레이트 스티치

이렇게 수놓으세요

1 4~6겹의 실로 5mm 바늘땀을 뜬 뒤 반시계 방향으로 10회 실을 감는다.

2 아래에 바늘땀을 꽂아 하나의 불리온 스티치를 완성한다.

3 중심은 가지런히 두 개의 불리온 스티치를 맺는다.

4 둘레를 ⅓씩 겹치면서 12회 불리온 스티치 하여 장미 모양을 만든다.

5 마지막 바늘땀은 바깥 둘레 첫 불리온 스티치의 안쪽에 수놓는다.

6 줄기는 휘프러닝 스티치 하고 잎은 레이지데이지 스티치로 수놓는다.

자수의 활용

단순히 수가 좋아서 무작정 꽃을 수놓는 일이 많습니다.
손끝에서 꽃 피는 즐거움에 시간가는 줄 모르고 수놓았는데
수놓은 것으로 무언가 만들면 더 좋겠지요.
잠깐 꼼지락거려 꽃 브로치 만들고
예쁜 꽃 수놓아 아가의 보온 신발도 만들고
자수 수첩 만들어 감사 선물을 드린다거나
엄마가 즐겨 입는 스웨터에 꽃을 가득 수놓아드린다거나
한 땀 한 땀 꽃 피운 것으로 주변이 환해질 것을 생각하니
상상만으로도 가슴이 뿌듯합니다.

스모킹 가방

약간 팟팟한 기운이 있는 흰색 퓨어 리넨에
빨간 리넨실로 스모킹 자수를 놓아
일정한 주름을 만들었습니다.
여름에 가볍게 들면 좋겠습니다.

02 여뀌 가방

여뀌 수놓아 가방 만들어봅니다.
안에도 수를 놓아 양면으로 들 수 있어요.

나무 가방

03

나무 한 그루 수놓아 리넨 가방을 만들었습니다. 그림처럼 벽에 걸어두어도 좋겠습니다.

04 **장미 크로스백**
장미 자수로 작게 크로스백 만들었습니다.
간단한 소품을 넣어 다니기 좋겠지요.

05 무스카리 선캡

리넨에 무스카리 수놓아 선캡을 만들었습니다.
풀 섬유 리넨으로 만들어서 가볍고
욱죄는 느낌이 없어 즐겨 쓰게 됩니다.

06 꽃 카디건

이미 만들어진 카디건에 모사로 예쁜 꽃들을 수놓았습니다. 반나절 수놓아 새로운 느낌의 꽃 자수 카디건이 되었습니다.

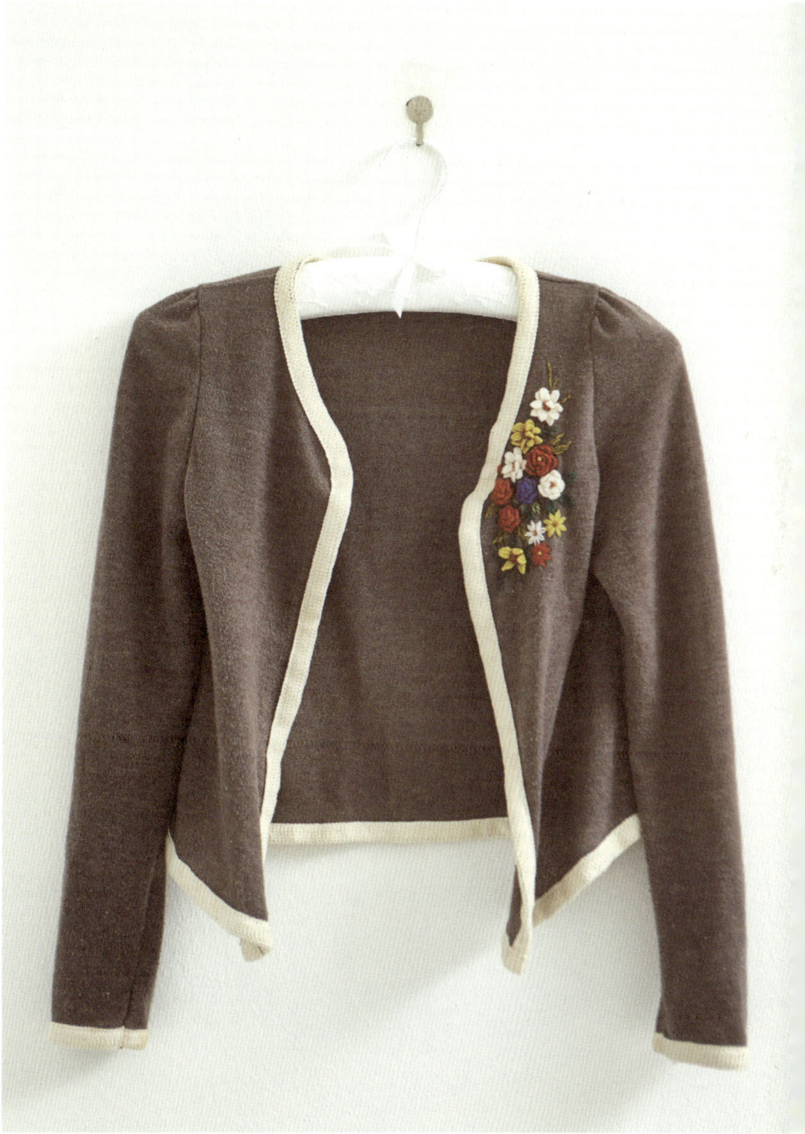

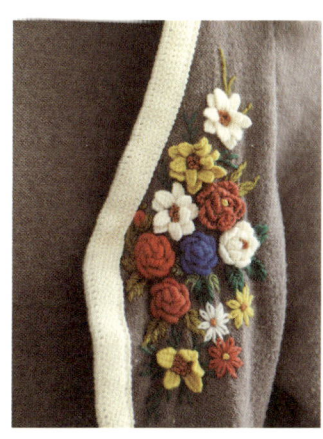

07 민들레 홀씨 치마
리넨으로 치마를 만들고 치마 끝에
민들레 홀씨를 수놓았어요.

08

꽃 손수건

흰 리넨을 네모나게 잘라 가장자리는 올 풀리지 않게 촘촘히 재봉질하고 제라늄, 무스카리, 여뀌 수놓아 손수건을 만들었습니다.

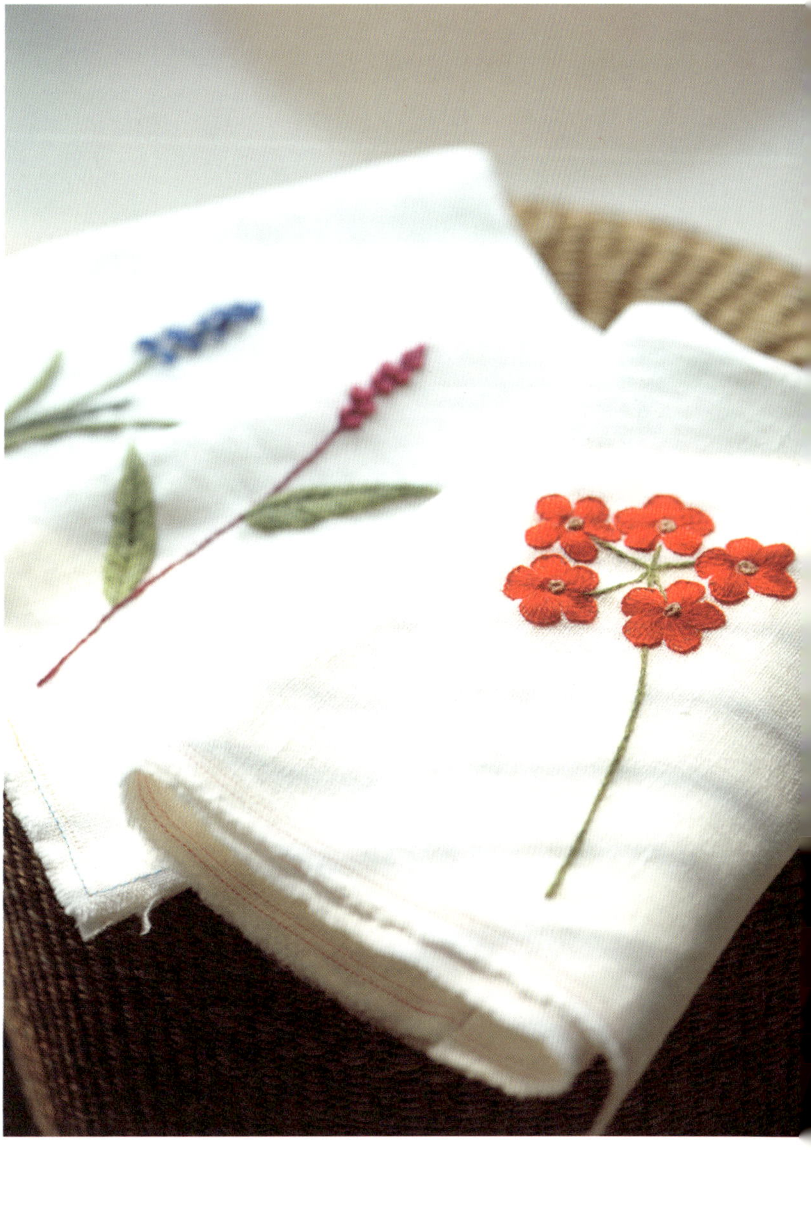

09

자수 반지

리넨으로 링을 만들고
그 위에 장미, 솜다리를 수놓아 꽃반지를 만들었습니다.
천으로 만든 반지는 풀꽃 반지를 낀 듯 가벼워 착용감이 좋습니다.

10 아기 덧신

양모를 오려 조그만 아기 신발을 만들었습니다.
아기를 안거나 유모차에 태울 때
보온용 신발이 되겠습니다.
분홍 장미 자수, 싸리꽃 자수 예쁘게 수놓아
아가의 보온 덧신 만들어보세요.

⑪ 여러 가지 브로치

자수의 활용도는 많습니다. 꽃 자수 수놓아 브로치를 만들어보세요. 한 땀 한 땀 시간을 들인 정성스런 선물이 됩니다.

12 모란 쿠션

큰 꽃 모란과 무스카리를 수놓아 쿠션을 만들었습니다.
꽃 그림을 걸어 놓은 듯 거실 한편이 환해집니다.

13 수첩 커버

날마다 다섯가지 감사 적어보자고 자수 수첩을 만들었습니다.
예쁘게 자수 수첩 만들어 선물도 합니다.

14 입체 자수 액자

입체감이 있는 장미와 달리아를 수놓아
액자로 만들어봅니다.

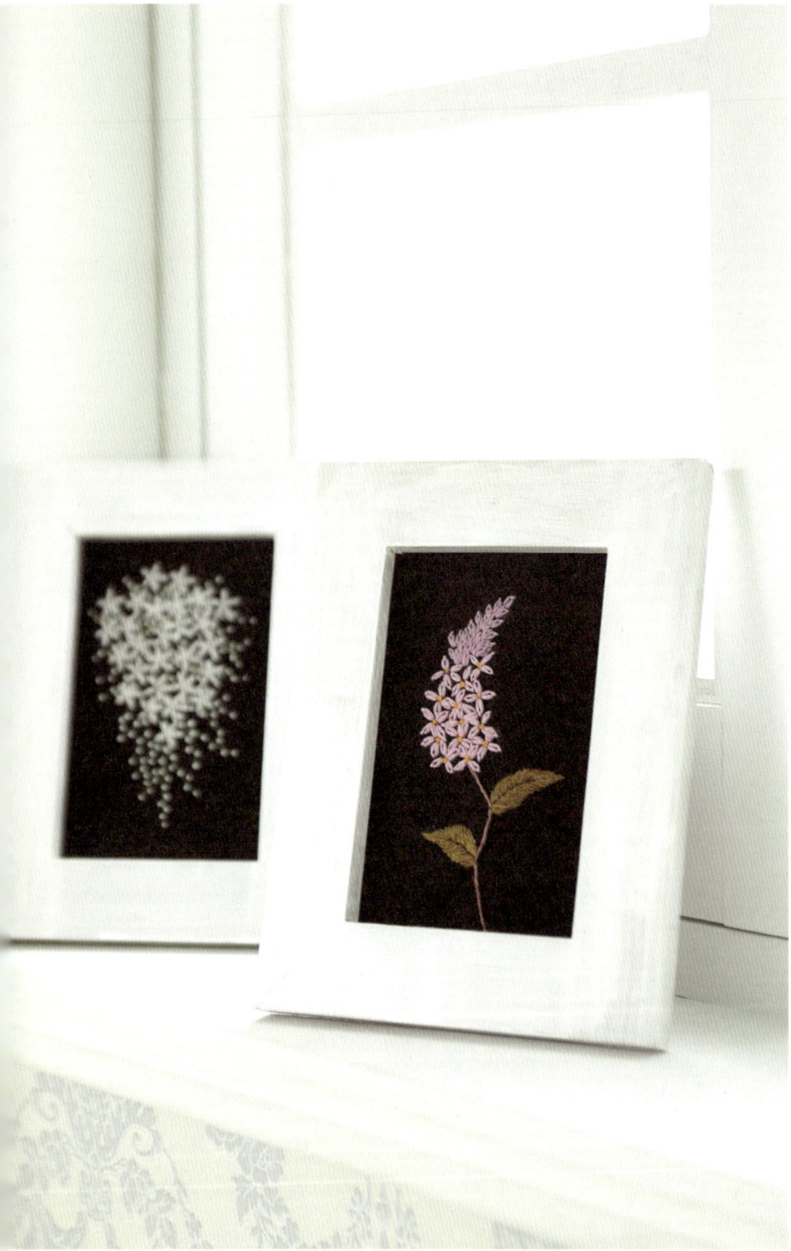

15

쉬땅나무와 라일락 액자

검은색 리넨에
레이지데이지 스티치로
작은 꽃을 수놓아
자수 액자를 만들었습니다.

16 자수 엽서

한 땀 한 땀 겨울 소품을 수놓아 종이 프레임에 넣으면 따뜻한 느낌의 크리스마스카드가 만들어집니다. 그리움과 감사의 마음을 담아보세요.

손끝에서 피는
꽃과 자수

초판 1쇄 2013년 9월 24일
9쇄 2018년 11월 30일

지은이 염경숙

발행인 이상언
제작총괄 이정아
편집장 손혜린

사진 이종수(bowlstudio)
일러스트 채정수
교열 전경서
인쇄 성전기획

발행처 중앙일보플러스(주)
주소 (04517) 서울시 중구 통일로 86 바비엥3 4층
등록 2008년 1월 25일 제2014-000178호
판매 1588-0950
제작 (02) 6416-3934
홈페이지 www.joongangbooks.co.kr
페이스북 www.facebook.com/hellojbooks

ISBN 978-89-278-0476-5 13630
ⓒ 염경숙, 2013

값 16,000원

- 이 책은 저작권법에 따라 보호받는 저작물이므로 무단 전재와 무단 복제를 금하며
  책 내용의 전부 또는 일부를 이용하려면 반드시 저작권자와 중앙일보플러스(주)의 서면 동의를 받아야 합니다.
- 책값은 뒤표지에 있습니다.
- 잘못된 책은 구입처에서 바꿔 드립니다.

중앙북스는 중앙일보플러스(주)의 단행본 출판 브랜드입니다.